VIAJE A

LA PENÍSULA SOÑADA

SALVADOR MEDINA BARAHONA

Tercera edición
Panamá, 2017

Viaje a la península soñada
© Salvador Medina Barahona,
   tercera edición, junio de 2017

e-mail: medinabarahona@yahoo.com
Página web: https://sites.google.com/site/salvadormedinabarahonaoficial/

Diseño de portada: Enrique Jaramillo Barnes
Fotografías: Jairo Llauradó y Marino Jaén
Imagen de portada: Detalle de la obra «...»
de Georgina Linares

ISBN.978 9962 000952

Panamá, República de Panamá

A Nidia Esther, Salvador y María Eva,
en el puerto de origen...

Viaje
a la península
soñada

De la nostalgia por lo que perdimos
iremos construyendo un sueño a piedra y lodo.

Roberto Sosa

LLEGAR a ti
luego de un largo rodaje
que pareciera infinito,
surgido de mis pies
tras un envión
inextinguible…

Sorprenderte
huérfana de brisa
y de lluvia tapizada,
con tu olor
a mango campesino,
a caña fermentada
y a naranja…

Llegar a ti,
tan después
y durante el exilio perpetuo
que parece alejarte
hasta perderte,
me agiganta los ojos,
me estira
estas cuatro arrugas
en la frente,
me renueva el deseo
y me congela
—infinitamente—
las sombras.

Llegar a ti,
bajo tu dosis aún hipnótica
y anciana,
me desviste de ambiguo
y de mundano,
y es entonces
cuando olvido
el mármol
con todo su hielo y nombre
para acunarme
en la suave curvatura
de las tejas
que mueren de quietud
sobre tus techos lúgubres,
tus portales…

UNA tierra cálida
con un nombre de herreros
me recibe,
con su albina/desierto
tan temida
por sus dotes
infernales,
con sus cerámicas
polícromas
que parten
de un tajo
la tristeza,
y máscaras
de parrampanes osados
que bailaron
sobre un suelo de arcilla
burlándose del mundo
y de la gente.

Y cae la tarde
con su brillo de lata
milenario.
Allí donde vivimos
nos queda a las espaldas:
Una estela de humo
humedecida de ternura
dibuja su adiós,
y el camino queda atrás...
como lo hicieron
los muertos.

Avanzo
—cuenco de estaciones ardidas
y mañanas.
Sujeto lo mejor de todo,
y veo el matiz de un Canajagua
agobiado por las nubes;
un Santo Domingo
pintado de polleras
y tunas ambulantes;
y siento aquí la brisa,
la nostalgia vivida
en una playa cualquiera
después de roto un amor;
y con su piel de trópico una isla veo,
ya nunca más poblada por iguanas;
y el canto anónimo de un pájaro oigo
que vuela
hacia un poniente gris.
Digo avanzo,
y se me cae el llanto de amor
a las rodillas.

GUARARÉ:
A la hora de los sueños,
tu puerto nos llama:
Algo entre mangles nos dices.
Tu voz nos incendia el rancho
con emociones fijas
como un satélite herido.

¡Nadie claudica contigo dentro!

¡Primero caería la sombra!

MIENTRAS tanto
sigamos viviendo,
porque esta ruta abierta
nos reclama sin descanso:
vayamos y crucemos
cada vía necesaria
sin miedos;
naveguemos mares
antes de que alguien diga fin;
pero volvamos luego
las raíces a la tierra
donde el cordón umbilical
perdió su uso
y el corazón de los hombres
quedó preso
para siempre.

Entremos
con el tambor al hombro,
la evasión dormida,
los sueños aún despiertos
y la pasión
reacia al límite
de querernos
entre trembleques ancestrales
y calles asfaltadas
sin pestillo;
para reconstruir
desde aquí
nuestro planeta.

¡LAS Tablas inmortal!,
hoy sé lo que debimos saber
desde tu sed
de siglos;
hoy sé de tus misterios
dulcemente trocados en amor...
hoy sé que por tu amor cada mujer tuya
va creciendo
con la ilusión imperturbable
de ser tu reina,
para darse a ti
alzándose en tus brazos,
como una amante cándida
ante todos los hombres
envidiosos.

Tus calles como espejos
sin duda
nos celebran la imagen,
y nos recuerdan aquellos que hemos visto
coronando peinadoras antiguas
o flotando
como aureolas de fe
en los cuartos
de alcanfor
de tus abuelas.

DOS colores intensos en su túnica:
El grito de la sangre
y un nocturno azul de firmamentos;
en su alma el blanco,
y miles de luciérnagas metálicas
alumbrándole el martirio,
procurando curas que electrizan
como diamantes…

¡Ay, tú, Moñona, belleza iluminada,
virgen mártir
en otro suelo inexorable!
Todos los poetas te cantaron,
y te cantan,
y te bendicen,
y te imploran deseosos,
y esculpimos
cualquier frase poderosa
que nos suscite
un amén
cierto y nocturno
como el aire
que respiro.

HUELE a humo.
El tizón enciende
el pálpito inestable
de un grano
que poco a poco
convulsiona
sin conciencia...
Hay un elíxir
que nos embriaga,
luego.

Todos hemos puesto el pie
que funde el lodo
con la paja usurpada al monte,
y el hombro bajo el barro
para el esqueleto
que se yergue ansioso.
Y así veremos
—muerto el día—
paredes oscuras
levantadas con fervor
y en conjunto.

Las banderolas enhiestas
sobre la caña brava
festejan
y fustigan el cansancio.
Su soplo involuntario
agota los sudores.
Una pareja feliz
vivirá dentro.
La chicha fuerte se dispara
en flechas que bautizan.
La cópula desciende
en sus banquetes,
y el resto ya es olvido.

PUNTO de cruz,
cadena chata,
soles refractados
sobre un vestigio de orgullo,
blanco;
una faz perfilada
con su mutismo azul;
las perlas que caminan
cosquilleando el aire;
los zarcillos
provenientes de oídos
hoy flácidos y largos;
amalgama de luces;
un ritmo etéreo y mágico,
que tuerce y destuerce telas
abanicando calles
(las de arriba y las de abajo),
densas de un papel diminuto
después de la explosión del fuego:
¡Viva la Península:
Nadie hilvanó un vestido
como el nuestro!

EL jinete monta su caballo.

(Esto se vive
en cualquier parte.)

Por el río
de la torpeza humana
fluye la hierra que aniquila
y el entusiasmo equívoco.
Algunas caras alegres,
demoníacas,
celebran
en los toldos adyacentes,
donde la cerveza fluye
y el miedo se desviste.

Hemos caído a veces
como la res que da vueltas
por el suelo,
el lodo cascajoso e inhóspito,
rumiando la traición
del hombre
que la avienta sin perdón,
reventándole el odio
hasta morir ensangrentada.

El tambor puja y repica
tras un dolor fugitivo
y fulminante.
Ya correr no es suficiente.
Huir es caer.
No todo es luz
en la Península soñada:
El licor nos enloquece
y lo brutal siembra su bandera
en el tumulto.

Hemos excedido la ruta.
La gente emprende su retorno.
La mirada de culpa
se pierde entre cocuyos
que alumbran el maizal
y sus espigas.
Unos pocos lloran
con el alma mutilada
volviendo sobre sus pasos
en la tarde...

ESTA quietud
de calabozo
asusta, porque nos vemos
solos.
Este domingo
nuestros pueblos
se han quedado vacíos:
Las iguanas
obstruyen su verde
bajo una costa distante.
De pronto
un traganíquel nos despierta
y lo que creímos hueco
se nos llena
con la música
que un viento nos trajo
sin pedirnos permiso.

El atlas resurge,
y entendemos
que el designio
nos seguirá enfrentando.

No estamos solos.
La soledad es una idea.
La indiferencia es quien nos muerde
y nos castiga...

Mi rancho se incendia:
¡Algo enemigo lo transforma!

AQUÍ entiendo
que quisiéramos andar descalzos,
tirarnos al remolino
del sueño
y salir ilesos
tras hundir nuestra huella
en la arena,
nuestra arena…

Entiendo
que quisiéramos ver
a nuestra Casa
eternizada por fin en Su victoria,
antes de que el sombrero pintado
abandone las sienes
y un manto blanco inevitable
nos cubra
definitivamente
el rostro.

LOS cristales de la noche
han caído
con su filo en punta.
Una tormenta destiñe
con su furia
la cal de las iglesias.
Allí rezan las mujeres
circuladas de tul
y escapularios.
Allí los santos lloran
objetando el tiempo
y alargando el insomnio.

Cuando amanece todo vuelve,
el dolor se esconde
bajo las sábanas,
la cazuela arde
y la ternura se calienta
en ella.

También las pesadillas
se extinguen, ¡no
nos quepa duda!

¡Porque es la hora del pindín
en esta estación metálica
y violenta
que hemos llamado
vida!

DESPUÉS de los naufragios
aún sigues aquí,
Península soñada
que apresas mis sentidos
entre un furor
de ramas de ciruelo
que nunca
conocieron
el hastío.

Tumbaremos esta esfera,
acaso. Pero mi amor
por tus colinas
rasuradas por un machete indigno
volará como ceniza
esparciéndose
y poblando
este vergel terrestre,
ya en medio de los siglos
que amanecerán huyendo
sin retorno.

Y viviremos
entre sueños y repiques,
acordeones embargantes,
rabeles centenarios
y coplas…
entre chinelas de luz y sombra
besándose
en la danza
de ilusiones resurgidas…

CUNA sin esmalte.
Más bien cama de género.
Alfa y llanto. Un mediodía.
Escuché que era noviembre
antes del grito.
Surgió el mundo.
Sentí dos caras extrañas
gastándome la rebelión
ante el golpe suave
en mis nalgas blancas
desnudas.
La leche materna
dijo cállate,
y sólo obedecí
sin remedio.

Mariabé,
hondo origen mío,
pueblo de caminos lánguidos
y una sola torre...
En el motete crema del abuelo
he dejado mi infancia,
para llevarla conmigo
cuando el tiempo
disuelva las edades.

Déjame sentir
el cante jondo de un Lorca
en los hombres y mujeres
de tus casas.
Déjame decir
Pedasí, cabo tupido de caricacos, hierro
y conchas negras;
tejados incontables
donde pernoctan
las palomas;
puerta al trapiche
que yace dormido moliendo esperas
y achicando pieles de plástico
que no existen...

...acecho del cardumen
en que el cangrejo
muerde sus rencores;
Pedasí es tu nido absoluto:
Un perro callejero y yo
lo descubrimos
y el papo solitario de la esquina
nos aplaude.

CIERRO el círculo
con un valle hundido
entre los montes,
paraje muchas veces inundado
por un agua mísera:
Tonosí,
voz de indio,
huaquero de los siglos,
a ti también te canto,
queriéndote como la sal
a la tristeza…

EPÍLOGO
DE LA NOSTALGIA

QUIZÁ la sangre haya cesado en su trayecto
y pierdan los pálpitos
sus giros;
la orilla duerma esperando
y el caracol asalte
sus volcanes;
ocurra que tiendas tu sol
en otra parte
y que las dunas
te atisben el contorno;
suceda que renuncies
a tu nombre
y que las cosas pueblen,
por fin,
como hace siglos,
su tristeza...

Y digo adiós,
con un declive en mis ojos:
Cumbres de mármol y ceniza
me aguardan en las sombras
de una cruel ciudad…

Pensé, un instante y un milenio,
en la fuga y la renuncia;
pero el designio retomó en su voz
su trayecto inevitable…

Volveré...
Península de un exilio obligado.
Tú sabes que entonces,
justo ese día que nadie habrá inventado,
nunca más tarde,
no más allá del tiempo y de las voces,
jamás cansado de soñarte,
entre los rezos del tambor y la llovizna,
¡volveré!

SALVADOR MEDINA BARAHONA

La obra poética de Salvador Medina Barahona (Mariabé de Pedasí, 1973) ha sido —desde sus inicios— una búsqueda emocionada del ser y una constante indagación de la condición humana. Sus palabras no solo han logrado consustanciar notoriamente esos objetos verbales denominados poemas, sino trascender con ellos (o en ellos) a las más profundas zonas de la Poesía. En Medina Barahona lo íntimo y lo social se confunden en un todo orgánico lleno de vitalidad, donde la ternura coexiste con el desparpajo; el hambre con la cercanía de lo pleno; lo luminoso, con lo áspero y lo sombrío. Dueña de un poderoso ritmo interior, su poesía tiende a conquistar los umbrales de la identidad individual y colectiva; cruza las puertas y sigue su trasiego paulatino hacia el origen: síntesis del hombre.

Obra publicada

Mundos de sombra (poesía)
Viaje a la península soñada (poesía)
Somos la imagen y la tierra (poesía) (Premio Nacional de Poesía Stella Sierra 2000)
Cartas en tiempos de guerra (poesía) (Mención de Honor, Premio Centroamericano de Literatura Rogelio Sinán 2001-2002)
Vida en la palabra vida en el tiempo (ensayos)
Construyamos un puente —31 poetas panameños nacidos entre 1957 y 1983— (compilación en coautoría)

Viaje a la península soñada,
de Salvador Medina Barahona,
se editó en el mes de junio de 2017.
Esta edición estuvo al cuidado de su autor
e incluye modificaciones a la edición anterior.

www.ingramcontent.com/pod-product-compliance
Lightning Source LLC
Chambersburg PA
CBHW020437030426
42337CB00014B/1302